Algar Colección Calcetín

La noche de los animales

Agustín Fernández Paz

Dibujos de Alberto Pieruz

Algar Editorial

1. Una actriz en la familia

Un día, al entrar en el centro cultural del barrio, la madre de Raquel leyó un anuncio que alguien había pegado en el cristal de la puerta:

Como siempre había deseado ser actriz, nada más leerlo se dirigió al despacho donde estaba la oficina. Allí, la encargada le informó de que la nueva directiva del centro deseaba poner en marcha un grupo de teatro aficionado. Para dirigirlo, habían contratado a una directora con mucha experiencia en la formación de actores. La propuesta estaba teniendo éxito, pues había ya cinco personas apuntadas, y eso que no hacía ni 24 horas que habían colocado el cartel.

A la madre de Raquel le pareció una idea estupenda y se apuntó de inmediato. Cuando contó en casa la decisión que había tomado, tanto su marido como su hija se alegraron mucho. ¡Pronto tendrían una actriz en la familia!

Poco tiempo después, el grupo comenzó a trabajar. Al principio sólo hacían ejercicios para aprender a expresarse con el cuerpo y con las palabras. Al cabo de varias semanas, iniciaron los ensayos de la obra con la que harían su debut. Se trataba de una historia de misterio titulada *Amores y fantasmas*, y en ella la madre interpretaba uno de los papeles principales.

Tras dos meses de intensos ensayos, por fin llegó el día del estreno. Desde por la mañana, Raquel fue observando cómo crecía el nerviosismo de su madre, que no paraba de dar vueltas por la casa. Y no le faltaban razones: además de ser su primera actuación ante el público, ya le había llegado la noticia de que se habían vendido todas las entradas y la sala estaría totalmente llena de gente.

2. Una noche sin tía Sara

El padre de Raquel se moría de ganas de asistir al estreno; por nada del mundo se perdería un momento tan importante para su mujer. Y como Raquel no podía acompañarlo, pues la obra terminaría muy tarde y, además, era para mayores, ya hacía dos días que sus padres habían avisado a la tía Sara para que fuera a cuidar de la niña.

La tía Sara es la hermana pequeña de su padre, y la persona más fantástica que Raquel conoce. Vive en una de las calles del centro de la ciudad y es la dueña de la galería de arte que hay justo debajo de su piso. Cada cierto tiempo, cierra la galería y se marcha de viaje a recorrer algún país lejano, que elige siempre al azar: Finlandia, Costa Rica, Madagascar, Australia, Turquía, Cabo Verde... Para ella, el mundo entero es como una gran mansión repleta de rincones fascinantes que desea conocer.

En su casa tiene un globo terráqueo que se ilumina cuando se enciende la bombilla instalada en su interior, como si fuera un corazón de luz que lo inundase de vida. Para decidir el lugar al que viajará, tía Sara hace girar el globo, cierra los ojos y señala con su dedo índice un punto cualquiera de la esfera. Un día que lo hizo delante de Raquel, le confesó que a veces abría un poquito los ojos, pero sólo un poquito; lo justo para evitar que el

dedo acabase señalando el mar o algún país que ya haya visitado anteriormente.

A la niña no le gustan nada las ausencias de su tía. Y se lleva una gran alegría cada vez que regresa, pues siempre vuelve con las maletas cargadas de objetos exóticos y de regalos para toda la familia. Los mejores siempre son para Raquel, que los guarda como un tesoro en su habitación: la bola de cristal con el pueblo diminuto en su interior, sobre el que cae la nieve cuando la voltea; el firmamento tapizado de estrellas que brillan en la oscuridad; el muñeco autómata que habla en un extraño idioma y camina como si tuviera vida; la planta de hojas intensamente verdes a la que le sale una única flor roja durante los días de luna llena...

Como a la tía Sara le encanta estar con Raquel, se encarga de cuidarla siempre que sus padres tienen que salir. Esos días son una fiesta, pues las dos juegan hasta cansarse. Y cuando es la hora de dormir, tía Sara le cuenta historias maravillosas de sus viajes, que la niña escucha fascinada.

Pero hoy, a media tarde, la tía ha telefoneado diciendo que le iba a resultar imposible cuidar de Raquel. Tenía infección de garganta y le había subido bastante la fiebre, así que el médico le había recomendado no salir de casa y meterse en la cama durante dos o tres días.

A Raquel no le hizo ninguna gracia escuchar aquella noticia. Le encantaba quedarse con su tía, no sólo por las historias tan bonitas que le contaba, sino también porque con ella podía hacer todo lo que sus padres nunca le permitían: comer flanes hasta hartarse, disfrazarse con las faldas y los zapatos de mamá, jugar a esconderse por los rincones de la casa, bailar *rock and roll* con los viejos discos de su padre... Si tía Sara no venía, aquella noche podía ser muy aburrida.

–¿Y ahora qué hacemos con la niña? –preguntó la madre, cada vez más incapaz de controlar sus nervios–. El estreno es a las nueve, y yo tengo que estar en el centro una hora antes, como mínimo. Te vas a tener que quedar tú con ella en casa.

–¿Cómo me voy a perder la obra? ¡Tranquilízate, mujer! Seguro que hay algún modo de arreglarlo.

El padre daba vueltas y más vueltas por la sala, con expresión concentrada. Por fin, se detuvo y, con la cara iluminada, exclamó:

–¡Ya está! ¡Se me acaba de ocurrir una solución fantástica! ¡La más fácil de todas!

–Pues ya me dirás cuál es, porque yo no veo más que problemas –contestó la madre.

–La niña acaba de cumplir ocho años, podría quedarse sola perfectamente. ¿Verdad, Raquelita? –El padre la miraba con ojos alegres y con una expresión cómplice en la cara–. Total, sólo estaremos fuera unas pocas horas.

Raquel recibió con entusiasmo la inesperada propuesta de su padre. Lo pasaba muy bien con tía Sara, pero la idea de quedarse sola en casa resultaba de lo más irresistible. ¡Entonces sí que podría hacer lo que le apeteciera de verdad!

Su madre, después de muchas dudas, también acabó por aceptar aquella solución. Le preparó a Raquel una cena fría, pegó en la puerta de la nevera una hoja con los teléfonos a los que podría llamar si pasaba algo, le repitió mil veces las cosas que *no* debía hacer... La niña contestaba «Sí, mamá» a cada una de las instrucciones y ponía cara de prestar la mayor atención del mundo a sus palabras. Aunque, en realidad, todas eran cosas que ya sabía de sobra.

–Sobre todo, no le abras la puerta a nadie. ¡Ni se te ocurra! Y no te acuestes tarde. Puedes ver la tele hasta las diez, si quieres, y luego te vas a la cama –concluyó la madre–. Si tienes miedo a la oscuridad, puedes dejar las luces encendidas; ya las apagaremos nosotros cuando volvamos.

Los padres se marcharon a las siete y media, después de darle a su hija tantos besos de despedida que más parecía que se ausentaban para dar la vuelta al mundo. Raquel se quedó con la oreja pegada a la puerta durante un tiempo, escuchando el ruido que hacía el ascensor mientras bajaba. Cuando ya no se oyó nada, sonrió satisfecha. ¡Por fin estaba sola, con la casa entera para ella!

3. Raquel y el cuaderno rojo

Raquel recorrió todas las habitaciones de la casa, procurando dejar siempre las luces encendidas. Al acabar, sonrió satisfecha: con tanta iluminación, ningún monstruo se atrevería a aparecer por allí para asustarla.

Después decidió que ya era hora de prepararse una cena bien apetitosa. Colocó en una bandeja la comida que le había dejado su madre y la llevó a la mesa de cristal de la sala. Volvió a la nevera, a buscar los flanes que tanto le gustaban. Comprobó con desilusión que únicamente había cuatro, así que dejó uno para que nadie pensara que se los había comido todos. Ahora sólo faltaban el chocolate y las pastas que su madre guardaba para las ocasiones especiales.

–Esta noche es *muy especial,* mamá también estaría de acuerdo –razonó Raquel, para justificarse–. Además, sólo voy a probar un poquito de nada.

Acercó la mesa de la cocina al chinero donde se ocultaba el tesoro y luego colocó una banqueta encima. Con la ayuda de una silla, se subió primero a la mesa y después a la banqueta. De esta manera, consiguió abrir la puerta más alta del mueble. Allí estaba la caja metálica donde mamá escondía las golosinas más tentadoras.

Con la caja entre las manos, se bajó de la banqueta y, a continuación, de la mesa. Dejó todo tal como estaba, ya lo colocaría bien al terminar. Y regresó a la sala, orgullosa de su botín.

Cenó hasta que su estómago se negó a aceptar un bocado más. De lo que le había preparado su madre, sólo probó las cosas más ricas. Los flanes, en cambio, le supieron a poco. Y la caja del chocolate y de las pastas pesaba bastante menos cuando la volvió a guardar en su sitio.

Después se tumbó en el sofá y se dedicó a zapear con el mando a distancia de la televisión. Pero en ningún canal había dibujos animados, todos los programas eran de lo más aburrido. La noche estaba resultando menos mágica de lo que ella había pensado. ¡Si al menos estuviera allí tía Sara para contarle alguna de sus historias!

Fue entonces cuando se acordó del regalo que le había traído de su último viaje a China. Tía Sara había recorrido el país durante casi dos meses y les había mandado un montón de fotos a través del correo electrónico. Las que más le habían gustado habían sido las de la Gran Muralla: una enorme serpiente de piedra que recorría valles y montañas hasta perderse más allá del horizonte.

Raquel se había desilusionado un poco al abrir los regalos que su tía había escogido para ella en aquella ocasión, quizá porque esperaba algo más original que un cuaderno de tapas duras y una caja de rotuladores. Los había guardado en un cajón del armario y no les había hecho más caso. Pero ahora, al pensar de nuevo en ellos, recordó también la enigmática sonrisa que tía Sara le había dirigido al dárselos. ¡Y todavía los tenía sin estrenar!

Se levantó del sofá y corrió a buscarlos a su dormitorio. De vuelta en la sala, examinó con atención las dos cosas. La caja de rotuladores no tenía nada de especial; era muy parecida a la que le habían comprado para el colegio a principios de curso, sólo que con muchos más colores. El cuaderno sí que le llamaba la atención, pues nunca había visto uno igual. Era grande, de hojas apaisadas; y las tapas duras, de color rojo, resultaban muy agradables al tacto.

–Aquí puedes hacer tus dibujos preferidos. O escribir tu diario secreto. O lo que más te apetezca –le había dicho su tía–. ¡Es un cuaderno muy especial!

Raquel lo abrió y pasó las hojas una a una, acariciando con sus dedos el papel. Daba gusto sentir su tacto, parecían invitarla a que las pintara. Volvió a cerrar el cuaderno, y entonces se fijó en el diminuto texto que venía escrito en la parte de atrás: *The magic book. Made in Taiwan.*

–«El libro mágico. Fabricado en Taiwán» –le había traducido tía Sara al regalárselo–. Eso quiere decir que lo han hecho en una ciudad muy lejana, allá en la China misteriosa.

Aquel día Raquel había hecho poco caso del cuaderno; era más divertido jugar y hablar con la tía, escuchar las mil historias de sus viajes. Pero en aquel momento, sola en casa, la idea de estrenarlo le resultaba irresistible. Para estar más cómoda, amontonó en el suelo los cojines del sofá y apoyó el cuaderno sobre la mesa de cristal. Después abrió la caja de rotuladores y se puso a pintar.

4. La primera sorpresa

Poco a poco, en la hoja blanca fue apareciendo un paisaje muy semejante al del lugar donde vive la abuela de Raquel. La casa de piedra con sus dos balcones, los frutales de la huerta, el hórreo, la finca del maíz, el prado donde se encuentra la fuente...

Como remate, la niña dibujó delante de todo un caracol. Cada verano pasaba unos cuantos días con su abuela y Raquel se divertía buscando caracoles por las zonas más sombrías del muro que rodeaba la huerta. Los guardaba en una caja de cartón, de las de zapatos, y luego jugaba a hacer carreras con ellos por el patio. Finalmente, pintó también en el cielo una de aquellas grandes mariposas de colores que revoloteaban por el prado y que ella se había dedicado a perseguir sin éxito; cuando se posaban en una flor y se les acercaba despacio, siempre echaban a volar justo en el momento en que estaba a punto de atraparlas.

–¡Qué bien me está quedando! –exclamó, satisfecha ante los resultados–. ¿Qué más podría dibujar?

Mientras lo pensaba, le entraron ganas de comerse otro flan. Se levantó y fue a la cocina a buscar el que quedaba. Cuando regresó a la sala y miró de nuevo el cuaderno, Raquel dejó

caer el flan en la alfombra y se frotó los ojos varias veces, asombrada por lo que veía.

¿De dónde había salido aquel caracol que ahora se movía desconcertado por encima del cristal de la mesa? Siguiendo el rastro de baba brillante que el animal dejaba tras de sí en su recorrido, la niña no tardó en descubrir que nacía justo en el lugar donde ella lo había pintado.

Entonces repasó con atención su dibujo. La casa, los árboles, el hórreo... todo seguía en el mismo lugar. ¡Excepto el caracol, que había desaparecido! ¡Y también la mariposa!

–¡Tiene que estar por la sala, de aquí no se ha podido escapar! –exclamó, mientras miraba a un lado y a otro.

Finalmente, la descubrió. Posada en la lámpara del techo había ahora una mariposa idéntica a la que había dibujado, aunque mucho más grande. Abría y cerraba las alas, igual que si tomase el sol posada en una flor. Y entonces Raquel, de pronto, comprendió lo que acababa de ocurrir: ¡los dos animales habían adquirido vida propia y se habían marchado del dibujo!

¿Cómo era posible aquel prodigio? ¿Acaso estaba soñando? Asustada, Raquel cerró el cuaderno y se alejó unos pasos de la mesa. Y entonces, mientras miraba desconcertada al caracol, sin saber qué hacer, observó cómo el animal se iba haciendo más y más transparente, a medida que sus colores se difuminaban. Dirigió una mirada rápida a la mariposa. ¡También se estaba desvaneciendo en el aire, igual que las pompas de jabón instantes antes de estallar!

Poco tiempo después, de los dos animales no quedaba nada. Tan solo la línea brillante que había dejado el caracol le indicaba a Ra-

X

quel que no había soñado. ¡Aquella transformación había sido real!

Abrió el cuaderno otra vez. Allí estaban los dos animales, tan inmóviles como cuando ella los había dibujado. ¿Se produciría de nuevo aquel portento? Raquel esperó durante varios minutos, con la mirada fija en el papel, hasta que los ojos comenzaron a dolerle. Pero, aunque abrió y cerró varias veces las tapas del cuaderno, no volvió a ocurrir nada extraño.

5. Los líos de Tragatodo

–Quizá los animales sólo tenían permiso para marcharse una única vez –murmuró Raquel, decepcionada al ver que nada cambiaba por más que abriese y cerrase el cuaderno. Le habría gustado ver volar de nuevo por la sala a aquella mariposa tan bonita.

De pronto, en la cara de la niña apareció una sonrisa nueva. ¡Qué idea más buena se le acababa de ocurrir! ¿Qué sucedería si hacía otro dibujo distinto?

Abrió el cuaderno y, tras pasar la primera hoja, comenzó a pintar en la nueva página el corral donde su abuela guardaba las gallinas, sin olvidarse ni de la casita en la que dormían ni de los comederos donde les echaba el grano. Y después retrató delante de la reja metálica a Tragatodo, la gallina más grande y ponedora del corral. Su gallina preferida, a la que cubrió con tantas plumas marrones como fue capaz de pintar.

Cuando acabó el dibujo, se sentó en el sofá y esperó, ilusionada. Esta vez sí que pudo ver lo que ocurría, aunque todo sucedió más rápido de lo que habría deseado. En un momento, la imagen de la gallina comenzó a moverse y a crecer, a crecer igual que un globo cuando se hincha. Y sobre el cuaderno apareció

la auténtica Tragatodo, tan grande y tan viva como la última vez que la había visto.

La gallina esponjó sus plumas y movió la cabeza a un lado y a otro. Después saltó de la mesa y comenzó a caminar desconcertada por la sala.

–*¡Co, co, co, co, cooo!* –cacareaba Tragatodo, como si acabase de poner un huevo.

–*¡Co, co, co, co, cooo!* –la imitaba Raquel, repitiendo con sus brazos el movimiento de las alas.

La niña trató de atrapar a la gallina, pero el animal no se dejaba y siempre conseguía huir. Cada vez más asustada, Tragatodo abrió las alas y voló torpemente hasta lo alto del aparador, tirando todos los retratos que estaban colocados sobre él.

Entonces Raquel empezó a preocuparse de verdad. ¡Debía atrapar a la gallina antes de que rompiera algo! Mientras pensaba en cómo hacerlo, Tragatodo se agachó y soltó una caca pastosa encima del mueble.

–¡Qué cochina! ¡Lo que me faltaba! –exclamó Raquel–. ¡Tengo que hacerte desaparecer cuanto antes!

Decidida, cogió el cuaderno y lo cerró con rabia. Al instante, Tragatodo empezó a desvanecerse, tal y como les había ocurrido antes al caracol y a la mariposa, y, en pocos segundos, desapareció. De no ser por los retratos tirados y por aquella caca tan asquerosa, nadie diría que allí había estado nunca una gallina.

Más tranquila, la niña abrió de nuevo el cuaderno. Tal como esperaba, allí estaba Tragatodo, tan inmóvil como cualquier dibujo, mirándola con la misma expresión sosegada con la que ella la había pintado.

6. ¡Falta un pez!

Raquel se sentía excitadísima. ¡Aquel cuaderno de China era el regalo más maravilloso que nunca le habían hecho! ¿Por qué no le había dicho nada su tía? ¿Cómo lo había podido tener olvidado en su habitación durante tantos días?

Después de colocar de nuevo los retratos y de limpiar aquella caca tan repelente, Raquel decidió probar con otro animal las propiedades mágicas del cuaderno.

–¿Cuál puedo hacer ahora? –se preguntó, ya con el rotulador en la mano. La tercera hoja del álbum era aún una superficie blanca.

Entonces recordó los peces del acuario que había visto hacía pocos días en la consulta del médico. Su padre había pasado el rato hojeando revistas mientras esperaban a que les tocase su turno, pero ella no había hecho otra cosa que contemplar aquellos animales de colores y formas increíbles. Le había fascinado la elegancia con la que se movían en el agua, mientras abrían y cerraban la boca como si conversaran en un lenguaje secreto.

Raquel empezó a pintar los peces, procurando ocupar toda la hoja del cuaderno. En total, eran nueve, cada uno de formas y colores diferentes. Y pintó también muchas algas, y un lecho de piedras y de arena, y hasta un cofre semejante a los de los tesoros piratas, tal como había visto en el acuario.

Al terminar, observó satisfecha su obra. Ya iba a colorear también el fondo azul del agua, cuando las figuras dibujadas comenzaron a vibrar. Y luego, en un abrir y cerrar de ojos, los nueve peces aparecieron encima del cuaderno, dando saltos desesperados por el aire. Acabaron cayendo todos en la alfombra, donde agitaban sus cuerpos sin parar.

–¡El agua, les falta el agua! –exclamó Raquel. ¡Todos los peces morirían si no actuaba con rapidez!

Corrió a la cocina y llenó de agua la tartera más grande que encontró. La dejó sobre la alfombra de la sala y se puso a atrapar los peces. No le resultó nada fácil, pues se le resbalaban de las manos una y otra vez. Por fin, consiguió atraparlos y depositarlos en el recipiente. Después, los contó para ver si estaban todos:

–..., cinco..., seis..., siete..., ocho. ¡Sólo hay ocho! ¡Y yo dibujé nueve!

Frenética, buscó por todos los rincones. Finalmente, junto a una de las patas del sofá, encontró el último pez, que ya ni se movía. Lo introdujo enseguida en el agua, con la esperanza de llegar a tiempo de salvarlo.

El pez permaneció inmóvil unos instantes, pero pronto movió la cola y comenzó a nadar como los demás. Raquel los miraba a todos, satisfecha. Y entonces fue cuando se acordó de lo que su padre le había dicho al salir de la consulta: los peces de acuario eran animales muy sensibles, necesitaban agua pura para sobrevivir. Y el agua del grifo tenía algo que se llamaba cloro, su madre se quejaba muchas veces del sabor extraño que le daba.

–¡Necesitan agua pura! ¡Tengo que echarles agua mineral! –decidió, al tiempo que corría otra vez en dirección a la cocina.

Volvió con dos botellas grandes de agua, que vació inmediatamente en la tartera. Ahora sí que parecía estar todo bien, los peces ya no correrían ningún peligro.

Pero, a medida que pasaban los minutos, el entusiasmo de la niña fue desapareciendo. Los animalitos se movían de una manera cada vez más torpe y boqueaban de un modo extraño, como si les costase respirar. ¿Dónde estaba aquel movimiento elegante que tenían los del acuario? ¿Qué les faltaría ahora? ¿Iba a dejarlos morir dentro de la tartera?

Raquel cogió el cuaderno y lo cerró con decisión. Entonces los peces comenzaron a perder los colores brillantes, sus contornos se difuminaron y, por fin, desaparecieron. Sólo quedó la tartera, sobre la alfombra mojada por tanta agua como se había derramado.

Cuando abrió el cuaderno otra vez, encontró los nueve peces en la misma página. Allí estaban, como si nunca se hubieran movido de ella desde que Raquel los había pintado.

7. El león más terrible

La noche estaba resultando de lo más divertida para Raquel, a pesar de las pequeñas dificultades que le habían surgido. Y se encontraba dispuesta a seguir con los experimentos, ahora que ya dominaba tan bien el truco para hacer desaparecer a los animales.

Pensando qué nuevo animal podría pintar, le vino a la cabeza la imagen de Simba, el protagonista de *El rey león,* subido en lo más alto de la gran roca desde la que vigilaba toda la sabana. Le habían comprado hacía tiempo el DVD de la película, y desde entonces ya la había visto un montón de veces.

–¿Me atreveré con un león? –la niña dudaba ante la nueva página en blanco–. Total, ¿qué me puede pasar? Con cerrar el cuaderno, hago que desaparezca cuando quiera.

Sin pensárselo dos veces, Raquel dibujó primero una gran piedra. Después pintó a Simba erguido sobre ella. Era un soberbio león, con ojos inquietos y una larga melena agitada por el viento.

En cuanto terminó su dibujo, Raquel retrocedió unos pasos, alejándose de la mesa. Aunque ya sabía lo que iba a ocurrir, su asombro fue enorme: nunca había imaginado que los leones pudieran ser tan grandes en la realidad. El gigantesco animal apareció de

súbito en la sala, como por arte de magia, ocupando con sus patas todo el amplio espacio de la mesa.

Raquel intentó hacerse con el cuaderno, debía eliminar cuanto antes aquella fiera que le daba tanto miedo. Pero cuando ya había conseguido agarrarlo, tropezó con una esquina del mueble y sus manos temblorosas no pudieron sujetarlo. El álbum se quedó tirado en el suelo, abierto por la lámina donde había dibujado la gran roca.

Simba parecía desconcertado por el nuevo escenario en el que se encontraba. Bajó de la mesa y recorrió la sala con la mirada. Cuando descubrió la presencia de la niña, soltó un rugido largo y terrible que se debió de oír en todo el edificio. La miró con ojos de amenaza y comenzó a moverse con pasos cautelosos, sin perderla de vista en ningún momento.

«Tiene hambre y yo voy a ser su cena», pensó Raquel, que se encontraba paralizada por el miedo. El cuaderno estaba lejos de su alcance, parecía imposible llegar hasta él. El león abrió su enorme boca, dejando ver los colmillos afilados. Después se pasó la lengua por los labios, como relamiéndose.

–¡Los bistecs! –La niña recordó de pronto los que su padre había guardado en la nevera para la comida del día siguiente.– ¡Tengo que echarle los bistecs!

Corrió hasta la nevera y la abrió. Allí estaban los filetes, en una bandeja de cristal. Los cogió y, desde la puerta de la sala, los lanzó hacia el ángulo más alejado de la habitación.

El león olfateó el aire en varias direcciones, buscando el origen de aquel olor a carne fresca. Cuando lo localizó, se abalanzó sobre los bistecs. Entonces Raquel se precipitó sobre el cuaderno y lo cerró con rapidez. Y cerró también los ojos, pues el león ya la había descubierto y se disponía a saltar sobre ella.

Pero el salto nunca se llegó a completar del todo. El enorme felino se quedó parado en el aire, en mitad del salto, y luego se desvaneció como si se desintegrase. Y Raquel, cuando por fin se atrevió a abrir los ojos, descubrió que volvía a estar sola. En la lámina, Simba aparecía otra vez erguido sobre la roca, vigilando la inmensa sabana que se extendía ante él.

8. Jugando con Milú

Después de un susto tan enorme, a Raquel ya no le quedaban ganas de dibujar nada más. Quizás aquel cuaderno no era un regalo tan maravilloso como había creído al principio.

–¡Sólo a mí se me ocurre dibujar un león! –murmuró, apenada–. ¡Con la de animales bonitos que podría pintar! Un loro, un conejo, una jirafa, un pingüino, un chimpancé, una lagartija, un gato, un koala, una rana, una cigüeña, un dinosaurio, un unicornio, una tortuga, un erizo, un perro...

¡Un perro! ¿Cómo no se le había ocurrido antes? Siempre le habían atraído los perros, su mayor ilusión era tener uno en casa. Pero sus padres se oponían cada vez que se lo pedía; opinaban que un piso de ciudad no era un buen lugar para un perro. ¡Pues ahora podía hacer realidad su sueño!

Fue hasta su cuarto y buscó un álbum de la colección de *Tintín*. Después, con el cómic delante, copió en la siguiente hoja del cuaderno la imagen de Milú, el inseparable compañero de Tintín. Lo reprodujo lo mejor que supo, sin descuidar ningún detalle. Cuando lo acabó, esperó emocionada a que la magia ocurriera de nuevo.

Y volvió a suceder, naturalmente. Sobre el cuaderno apareció Milú, el mismo Milú que

Tintin

tantas veces había visto en los tebeos o en las películas de dibujos animados. El perro parecía sorprendido y desorientado. No sabía dónde estaba ni quién era aquella niña que no dejaba de sonreír. Y, además, no se veía por ningún lado ni a Tintín ni al Capitán Haddock.

Raquel lo tomó en su regazo y comenzó a acariciarlo. Milú se dejaba querer, aunque aquella niña le parecía demasiado sobona; él era un perro libre y estaba acostumbrado a andar a su aire. Raquel se lo llevó a la cocina y le dio de comer la cena que ella casi ni había probado. El perro debía de tener mucha hambre atrasada, porque lo devoró todo en un instante y dejó el plato tan limpio que parecía recién estrenado.

Después, como si fueran amigos desde siempre, los dos jugaron a perseguirse por todas las habitaciones del piso. La niña no dejaba de reír y Milú parecía aún más alegre que en cualquiera de sus aventuras.

De pronto, Raquel escuchó el ruido del ascensor al detenerse en su piso. Y luego la voz de papá al otro lado de la puerta, preguntándole a su madre por las llaves. Con Milú ladrando alegre tras ella, la niña corrió hasta donde había dejado el cuaderno. Lo cerró con pesar y, al instante, el perro comenzó a desvanecerse. Lo último que vio Raquel fue una extraña expresión de asombro en los ojos de Milú, incapaz de entender por qué su nueva amiga lo miraba con aquella cara de tristeza.

9. La sonrisa de Raquel

Mientras escuchaba el ruido de la llave en la cerradura, Raquel contempló la sala, arrasada como un campo de batalla. Trató de colocar rápidamente algunas cosas, pero era imposible dejar todo tal como estaba cuando sus padres se habían marchado.

–¡Hola, Raquel! ¡Ya estamos aquí! –la saludó su padre–. ¿Qué haces todavía levantada?

–¡Hola, papá! ¡Hola, mamá! ¿Qué tal te ha ido con la obra?

–La obra ha salido muy bien, vengo muy contenta. ¡Y cómo nos han aplaudido! ¡Tendrías que haberlo visto! –respondió su madre, alzándola en brazos y dándole un gran beso.

Pero la alegría de la madre se fue desvaneciendo al observar el espectáculo que tenía delante. Con ojos de reproche, le preguntó a Raquel:

–¿Se puede saber qué has estado haciendo para tener todo tan desordenado? ¿Y qué ladridos eran esos que se oían desde la escalera?

–Es que jugaba a que tenía un perro y me divertía con él –se disculpó Raquel.

–¡Ya veo, ya! –respondió su madre con ironía–. La alfombra mojada, las sillas fuera de su sitio, las fotos tiradas... ¡Más que un perro, parece que hubiera pasado por la sala una manada de animales!

–Deja, mujer, qué más da. Lo importante es que Raquel esté bien. Ya colocaremos todo mañana, hay tiempo de sobra –intervino el padre–. Ahora es hora de acostarse, sobre todo para la niña.

Acompañó a Raquel hasta el dormitorio y la ayudó a meterse en la cama. Después le dio un beso de buenas noches y apagó la luz. Pero Raquel no tenía ningún sueño. La excitación le impedía dormirse y no podía apartar de su cabeza la insólita aventura de aquella noche. Deseaba ver cuanto antes a tía Sara y contarle todo lo que había ocurrido. Aunque, bien mirado, quizá su tía conocía ya la magia de aquel cuaderno. Sus regalos siempre eran especiales, pero aquel había sido el mejor de todos.

Sus padres ya habían debido de acostarse, pero tampoco parecían tener muchas ganas de dormir. A través de la pared, sus voces apagadas llegaban hasta Raquel:

–¿Has visto como la niña ya podía quedarse sola? Ha desordenado todo, eso sí. Pero todavía es pequeña, con algo tiene que jugar.

–Tienes razón, tenemos una hija estupenda. Se puede quedar sola alguna vez más, así no tendremos que molestar tanto a tu hermana.

Raquel sonrió. Por ella, podían dejarla sola cuantas veces quisieran. ¡Todavía le quedaban muchas hojas en blanco en el cuaderno! Y, cuando se acabara, sólo tendría que convencer a tía Sara para que visitase de nuevo la China misteriosa. ¡Mañana empezaría a hacer una lista con todos los animales que pensaba dibujar!

ÍNDICE

Otros títulos de la colección «Calcetín»

CALCETÍN AMARILLO - A PARTIR DE 8 AÑOS

¿Me ajuntas?
de Seve Calleja
Dibujos de Carlos Ortin
ISBN: 978-84-9845-059-0
«Calcetín», 30

¿Te imaginas lo divertido que sería ser otra persona por un día? Podrías hablar, vestir, comer e incluso pensar de otra forma. Descubrirías un mundo distinto, pero también que, en el fondo, somos más parecidos de lo que pensabas... Si acompañas a los protagonistas de estos tres relatos y a sus amigos, lo comprobarás.

Otros títulos de la colección «Calcetín»

CALCETÍN AMARILLO - A PARTIR DE 8 AÑOS

El tesoro de Casimiro el Feo
de Carmen Gil
Dibujos de Horacio Elena
ISBN: 978-84-9651-475-1
«Calcetín», 23

El capitán pirata Morgan, su abuela Apolonia, el grumete Chinchorro y el cocinero francés Ragout forman parte de la curiosa tripulación del Barrilete. Como necesitan dinero, deciden secuestrar a Desideria Josefina, una princesa más conocida como Desa Fina, con un carácter muy especial. ¡Pronto se arrepentirán de su decisión!

Otros títulos de la colección «Calcetín»

CALCETÍN AMARILLO - A PARTIR DE 8 AÑOS

La brujita Gari
de Braulio Llamero
Dibujos de Montse Tobella
ISBN: 978-84-9651-479-9
«Calcetín», 27

La brujita Gari no es ni viejísima, ni malísima, ni feísima. En eso no se parece a las brujas de otros cuentos. Gari es joven y guapa, tiene el pelo rizado, pecas en la cara y no le gusta hacer daño a nadie. Ella misma te cuenta en este libro cómo consiguió hacerse bruja, tras burlar a las terribles Brujas Exterminadoras...